Dicionário das Loucuras de Amor

Viviane Pereira

Dicionário das Loucuras de Amor

Definições bem-humoradas para mulheres que vivem apaixonadamente

MATRIX

Direitos em língua portuguesa para o Brasil:
Matrix Editora - Tel. (11) 3873-2062
atendimento@matrixeditora.com.br
www.matrixeditora.com.br

Diretor editorial:
Paulo Tadeu

Capa:
Renata Senna

Diagramação:
Fernanda Kalckmann

Revisão:
Rafael Faber Fernandes
Adriana Parra

IMPRESSÃO E ACABAMENTO
Bartira Gráfica e Editora S/A

Dados Internacionais de Catalogação na Publicação (CIP)
SINDICATO NACIONAL DOS EDITORES DE LIVROS, RJ.

Pereira, Viviane
Dicionário das loucuras de amor: definições bem-humoradas para mulheres que vivem apaixonadamente / Viviane Pereira. - São Paulo : Matrix, 2010.

Inclui bibliografia

1. Relações homem-mulher - humor, sátira etc. - Dicionários.
I. Título.

09-6499. CDD: 306.7
CDU: 392.4

Dedico este livro ao meu marido, Marcelo Corrêa, que não só sobrevive à minha porção louca, mas também a estimula, mostrando que a grande loucura da vida é o amor.

Quero agradecer a todas as pessoas que de alguma forma me ajudaram a preparar este livro, em especial à Alessandra Pires, minha agente, aos meus pais, Rosa Maria Barroso Pereira e Antonio Ignacio Pereira Filho, ao meu filho, Vinícius Pereira Mancebo Gomez, e aos grandes amigos Celso Bandarra e Franciny Oliveira.

introdução

Este é o dicionário de todas as mulheres loucas de amor, as mulheres apaixonadas, as que adoram viver intensamente uma paixão. Dizem também que é o dicionário da mulher controversa, que quer mas não tem certeza se quer, que vai mas talvez devesse ter ficado – a mulher que cai em contradição ao questionar os valores masculinos mas deseja ter sempre um representante da espécie por perto.

A ideia é que este dicionário seja uma grande brincadeira e nos permita rir das situações cotidianas levadas a extremos – é o estereótipo feminino questionando o que mais incomoda no estereótipo masculino.

Quem for capaz de ler nas entrelinhas poderá enxergar além do estereótipo da mulher que estoura o cartão de crédito, que é louca por sapato e chocolate e surta na TPM. Verá que o dicionário é, também, um pouco o retrato da mulher moderna que, embora tenha todas as condições de levar sua vida de maneira independente, espera ter um companheiro para dividir experiências, sentir cumplicidade, amar e ser amada.

Abduzido: homem que saiu com os amigos e voltou com ideias estranhas, como marcar *happy hour* toda sexta-feira e futebol todo domingo.

Abraço apertado: ato que, para eles, pode significar apenas um gesto de carinho, mas, para uma louca de amor, vale como promessa de amor eterno.

Abraço da amiga dele: situação ridícula em que ele fica juntinho da amiga metida a besta enquanto ela nos olha com um olhar triunfante, como quem diz: "estou apertando seu homem".

Academia: **1.** promessa de um verão em forma; realização de infinitas horas de tortura. **2.** lugar assustador em que as mulheres que circulam parecem ter saído da tela da TV, estando acima das meras mortais, acima de suspeita e acima do padrão, enquanto nós continuamos acima do peso.

Acne: encomenda feita pela rival que aparece no meio do rosto nos momentos menos oportunos, como o dia daquela festa especial.

Acuado: homem pego em flagrante e que insiste, ainda, em dizer: "não é nada disso que você está pensando".

Admirador secreto: pseudônimo que usamos para mandar flores a nós mesmas, só para provocar ciúme.

Adolescência: fase em que nos sentimos feias demais, gordas demais, magras demais, muito altas ou muito baixas. Começa lá pelos 12 ou 13 anos e segue até os 45 ou 50 anos, mais ou menos.

Afinidade: ter gostos em comum, como tipo de música, comida, passeios; nos momentos mais difíceis, de completa solidão, o simples fato de ele querer uma mulher e nós, um homem, pode ser considerado afinidade.

Afrodisíaco: qualquer coisa que nos tire do marasmo de ver TV no domingo à tarde.

Agenda de telefones: documento revelador que eles guardam a sete chaves, insistindo que é totalmente particular, e nós provamos por A + B que é de domínio público.

Ajeitado: homem que não passaria em nossa primeira seleção, mas que até dá para encarar no final de uma festa.

Alerta: quando ele começa a chegar atrasado aos encontros.

Alerta amarelo: quando ele se esquece de um encontro marcado e só liga depois para se desculpar.

Alerta vermelho: quando ele se esquece do encontro marcado e já nem se preocupa em se desculpar.

Aliança: argola que, infelizmente, parece acessório obrigatório presente na mão de todos os homens bonitos, interessantes e inteligentes que pensamos em paquerar.

Alvo: homem escolhido para paquera.

Amiga: aquela pessoa maravilhosa que faz companhia nas noites solitárias e, quando está namorando, não descansa até arrumar um primo ou amigo do namorado para nos apresentar. Ela compreende nossas loucuras e, quando precisamos, ajuda nas loucuras de amor.

Amizade com o ex: 1. esperança de reconquistar o que já foi nosso. **2.** acompanhamento ritual da vida dele para provar, a cada segundo, que ele nunca vai encontrar uma mulher tão boa quanto nós.

Amor: 1. bichinho transmissor de um tipo de doença que causa vício e nos leva do êxtase ao desespero no espaço de algumas horas. Quando chega, nos deixa cheias de vida e parece que nunca mais terá fim; quando acaba, parece que vai matar. **2.** aquela sensação maravilhosa que sentimos quando nossa boca seca, a mão transpira, o coração dispara – nessas horas, nem faz muita diferença quem provoca esse sentimento, porque uma louca de amor é completamente apaixonada, na verdade, pelo ato de amar. **3.** sentimento mágico que transforma emoções. É a verdadeira pedra filosofal que transforma solidão em companhia, tristeza em alegria, carência em cumplicidade, desilusão em... amor.

Anafrodisíaco (ou antiafrodisíaco): homem fedido e/ou mal-educado.

Anel de compromisso: para eles, um passo a mais no namoro; para nós, promessa de amor eterno com carinho, fidelidade, atenção, cuidado etc.

Aniversário: 1. momento de inversão de valores, quando comemoramos indevidamente o movimento inversamente proporcional ao envelhecimento de nosso corpo, em contrapartida com o rejuvenescimento da alma. **2.** antes dos 18 anos: contagem regressiva ano a ano, data esperada ansiosamente pela conquista de liberdade; dos 18 aos 25 anos: festejo anual em que comemoramos a plenitude de nos sentirmos mulher; dos 25 aos 30 anos: para quem ainda não casou, data em que se sente na pele o desespero de ficar para titia. As que casaram e descasaram pensam, a cada aniversário, que têm um ano a menos para viver com o amor de sua vida – se derem a sorte de ainda encontrá-lo; dos 30 aos 40 anos: sensação de estar em uma montanha-russa, em um carro descontrolado, aceleradíssimo, em que só vemos de passagem os homens que gostaríamos de chamar para dentro de nosso carrinho; dos 40 anos em diante: já não há mais esperança de completar bodas de ouro, bronze ou prata. O desejo é encontrar um homem maduro, disponível e que ainda não use fralda geriátrica.

Aniversário de namoro ou casamento: aquela data que eles teimam em esquecer e nós os ajudamos a lembrar comentando uma semana antes, colocando recados na agenda, enviando mensagem via celular etc.

Apelar: cadastrar-se em sites de paquera; pedir indicações às amigas; fazer ficha em agências de encontro para arrumar namorado.

Aperfeiçoar: usar os artifícios disponíveis, como chapinha, maquiagem, acessórios, cirurgia plástica etc. para melhorar o que já era bom por natureza.

a

Aposentar: casar e deixar de lado a vida de paquera, passando a agenda como herança para a melhor amiga.

Arrasar: acertar na roupa, sapato e maquiagem para a festa, conseguindo a combinação perfeita para chamar a atenção na medida certa.

Artificial: atos falsos necessários para disfarçar nossos sentimentos, como o sorriso forçado para a ex dele ou a gargalhada exagerada para a piada sem graça contada pelo homem em que estávamos de olho a noite toda.

Atenção: ato simples de olhar atentamente em nossos olhos enquanto falamos, como se não houvesse mais nada no mundo – atitude que vivemos pedindo e eles fingem que não entendem o que é.

Atormentar: perguntar, pela milésima vez, se ele não estava mesmo olhando para aquela garota escultural que acabou de passar e para cuja direção o olhar dele seguiu e ele jura, em todas as mil vezes, que não.

Autodefesa: apagar, "por acaso", a agenda do celular dele, na qual estavam registrados os números de telefone de todas as ex.

***Bad boy*:** ímã que atrai loucas de amor, deixando-as ainda mais loucas.

Balada: lugar ótimo para quem está sem namorado se dar bem e péssimo para levar o namorado, pois está cheio de mulheres loucas para se darem bem.

Banho de mulher: ritual feminino altamente relaxante que exige preparação: velas, incensos, cremes etc. Pode levar de 30 minutos a 3 horas. É recomendado uma vez por semana ou três em fases de estresse contínuo.

Barraco: 1. cena de baixaria, geralmente protagonizada por duas mulheres – uma provocadora e uma ciumenta. A provocadora, que adora roubar o namorado de outras, é quem provoca a situação, enquanto a louca de amor apenas reage. **2.** revolta manifestada em público em reação a umazinha que tentou, está tentando ou tudo indica que vai tentar roubar nosso amado.

Batom: às vezes, é um simples acessório de maquiagem; outras vezes, é um importante sinalizador de intenções, traduzidas a seguir:

- brilho labial: estou livre, leve e solta e vou continuar assim;

- rosa: estou buscando um amor;

- vermelho intenso: estou preparada para grandes paixões;

- vinho: estou buscando aventura;

- marrom: sei o que quero e, mais ainda, o que não quero.

Beijo: tempo maravilhoso de alegria em que sabemos exatamente onde a boca dele está e nos sentimos o centro de seu mundo.

Beleza: qualidade que deveria ser atributo exclusivo nosso e retirado de todas as modelos, atrizes, manequins e outras que passam na frente de nosso amado.

Bisbilhoteira: mulher que não sabe vasculhar direito as coisas do marido ou namorado, deixando rastros.

Bolsa: buraco sem fundo no qual jogamos tudo o que é essencial para a sobrevivência de uma mulher no dia a dia, do batom com espelho ao kit emergencial com uma muda de roupa extra, acessórios de manicure e higiene.

Boteco: atentado à felicidade da relação que atrai os homens, os quais, sem essa tentação, estariam comportadamente ao lado de suas companheiras.

Briga: aquela conversa para discutir o relacionamento em que ele se altera por causa de qualquer besteira, como cismarmos, pela 15ª vez durante um passeio no shopping, que ele está olhando para outra mulher. Bobagem!

C

Cabelo branco: se a mulher fosse o Super-Homem, cabelo branco seria a kryptonita.

Calma: a definição desta palavra não consta deste dicionário. Coitado do homem que, no meio de uma briga de ciúmes, pede um pouco de calma para uma louca de amor.

Cantada: blablablá masculino que fingimos odiar, mas é um presente na fase de baixa autoestima.

Carência: **1.** sensação chata de vazio, que começa no dia em que o namoro acaba e só termina quando o próximo começa. **2.** acessório que já vem de série no kit feminino. **3.** necessidade de carinho mais forte em uma fase da vida da mulher, que começa mais ou menos na adolescência e vai até a aposentadoria emocional.

Caridade: aceitar encontro com um homem feio e chato só para melhorar a autoestima dele.

Carinho: **1.** um abraço demorado, um aconchego no colo ou, se a carência aumenta, até mesmo um aperto de mão. **2.** aquilo que deveríamos dar sem esperar nada em troca, mas esperamos. **3.** algo que pedimos, mas que, na verdade, gostaríamos de ganhar espontaneamente.

Carma: encontrar sempre homens com o mesmo defeito, um atrás do outro; também chamado de "dedo ruim para homem".

Cartão de crédito: 1. passaporte para a Disneylândia feminina. **2.** acessório sexual capaz de provocar grande excitação em uma mulher.

Casamento: sonho de consumo.

Cativar: quando o homem trata sua mulher como rainha, mandando flores, fazendo carinho, dando presentes etc., como se ela fosse a única no mundo. Simples assim.

Celular: aparelho traidor que nasceu como a solução para podermos falar a qualquer hora com nosso amado e virou um dedo-duro, mostrando as infinitas tentativas de ligações quando ele não atende a chamada. Dele vêm os termos derivados, como:

- celular que não atende: ele está com outra;

- celular na caixa postal: a farra está tão boa que ele não quer ser incomodado;

- celular perdido: pelo menos três dias de desespero sem contato a qualquer hora;

- celular roubado: o desespero vira uma tortura de quase um mês;

- mensagem de celular há mais de 15 minutos sem resposta: ele não me ama mais.

Celulite: 1. ilusão de ótica: ela não existe em nós. **2.** junto da gordurinha localizada, é a inimiga número 1 da mulher. **3.** aquela coisa horrível que só aparece nas outras – nunca em nós.

Chapinha: nossa senhoria, de quem viramos escravas, dia e noite, de boa vontade. Sua maior inimiga é a chuva que cai de surpresa.

Chocolate: 1. o médico que acompanha nossa dieta teima em dizer que é um vilão. Mentira, pois, em certos dias, é o melhor amigo da mulher. **2.** calmante natural que dispensa receita médica.

Choro: 1. tentativa desesperada de acabar uma briga que começamos por um bom motivo – geralmente ciúmes – e, no meio, descobrimos como nosso motivo é ridículo, mas não temos mais como admitir, tamanho o estardalhaço que fizemos. **2.** sinônimo de "eu não sei mais o que fazer, não tenho mais argumentos, mas preciso acabar essa briga e ficar 'por cima'".

Cismar: ter quase certeza absoluta – mesmo sem qualquer evidência – de que estamos sendo enganadas.

Ciúmes: 1. bichão injusto que toma conta de nosso corpo como os ETs dos filmes de ficção, nos forçando a fazer coisas que, em sã consciência, normalmente não faríamos – ou seja, a culpa não é nossa. **2.** sentimento completamente justificável que pode nascer quando ele corre os olhos ao redor do salão, na festa. Eles teimam em dizer que é exagero. **3.** reação completamente natural a qualquer ação dele em direção a outra qualquer. **4.** já dizia uma antiga trovinha: "ciúme não é tolice / ciúme é medo, meu bem / medo de ver o que é nosso / sendo de outras também". **5.** sensação ruim que nasce quando chegamos com ele a uma festa, reunião, baile etc. e encontramos uma mulher que, sabemos, é exatamente o tipo de nosso amado. **6.** misto de nervoso, raiva, irritação e inconformismo quando "umazinha" qualquer resolve chamar a atenção de nosso namorado.

Complexo: reação causada pelo padrão absurdo – e inviável – de beleza imposto pela sociedade, que exige uma mulher com pelo menos 1,80 m de altura, magérrima como uma *top model*, mas tendo, ao mesmo tempo, as medidas-padrão: 90 cm (busto), 60 cm (cintura) e 90 cm (quadril).

Comprar: terapia relaxante e quase indolor – dói apenas no bolso.

Compromisso: 1. programa que as mulheres marcam e os homens esquecem. **2.** para onde as mulheres caminham; de onde os homens fogem. **3.** palavra mágica que deixa mulheres tão felizes e homens tão desesperados. **4.** capacidade de se ligar a uma pessoa e assumir que está com ela. Não consta do dicionário de alguns homens.

Confiança: 1. amiga fervorosa que está sempre conosco, ajudando a manter em pé a relação; quando ela resolve ir embora, nos chama para acompanhá-la. **2.** sentimento que surge trazendo raros momentos de alívio ao saber que podemos não ser a mulher mais bonita no mundo, mas somos exatamente a mulher que ele deseja.

Consequência: resposta do destino com uma "ajudinha" nossa. Por exemplo: se o namorado nos deixa esperando por mais de cinco minutos no restaurante, consequentemente vai pagar uma conta mais cara; se o maridão se esquece do aniversário de casamento, consequentemente vai comer arroz queimado por um mês.

Controle remoto: 1. instrumento de disputa de poder na guerra dos sexos em que costuma vencer quem é mais ligeiro. **2.** fronteira situada em terra de ninguém, no meio do sofá ou da cama, pronta para virar campo de batalha.

Coração: máquina traidora instalada no meio do peito que nos surpreende com acelerações inesperadas e – não raramente – inoportunas.

Cozinha: para as que sabem e gostam de cozinhar, espaço onde são demonstrados dons artísticos que podem ser usados como poderosas armas de conquista. Para as mortais, atestado de incompetência assinado pela comunidade.

Crise: aquela fase de brigas sem fim em que ele insiste que nós temos ciúmes demais e nós tentamos mostrar que são as outras mulheres que se comportam de menos.

Cumplicidade: 1. conceito inventado pelas mulheres para ajudar os homens a entenderem que o objetivo do casal é fazer coisas juntos e cuidar um do outro. **2.** capacidade de ser parceiro acima de qualquer coisa e em qualquer situação.

Cursos: ótimo lugar para encontrar pretendentes que tenham alguma afinidade em comum – e, de quebra, ainda aprender alguma coisa. É praticamente uma agência de encontros com direito a diploma no final.

Debochada: mulher que olha para a nossa cara e ri enquanto dá um abraço de parabéns em nosso namorado.

Decepcionante: homem bonito e aparentemente interessante que se mostra mal-educado, grosso e machista.

Depilação: tortura pela qual pagamos e cuja ausência pode impedir noites maravilhosas.

Desafio: **1.** conquistar o gostoso do pedaço. **2.** transformar aquele homem bruto e indiferente que conhecemos em um cavalheiro apaixonado e encantador. É mais devidamente conhecido como missão impossível.

Desencanar: esquecer finalmente aquele ex por quem éramos tão apaixonadas.

Desilusão: quando aquele homem em quem acreditamos, apostamos e investimos faz a besteira de mostrar que deveríamos ter desconfiado dele.

Desnecessário: dizer que está apaixonado por outra na hora de terminar a relação.

Desperdício: 1. passar anos apostando em um relacionamento que, é evidente, não vai dar certo. **2.** homem bonito e charmoso acompanhado. **3.** capacidade de sentir o que não devemos por alguém que nem merece.

Desperdício enorme: homem bonito e charmoso acompanhado daquela fulana que odiamos.

Desprezível: homem que trata mal a mulher.

Destino: certeza de que, em algum lugar, em algum momento, vamos encontrar um homem especial.

Deteriorada: relação em que não há mais nada de bom – apenas brigas, indiferença e desentendimentos –, mas insistimos em manter.

Dieta: promessa de tentar um futuro melhor, o qual nunca vira presente.

Dignidade: qualidade que ele destrói quando nos faz pedir, implorar e rastejar para que não vá embora. Nossa vingança é, depois, acabar com a dignidade dele.

Discutir a relação: bate-papo informal em que contamos o que está nos incomodando, no que ele pode melhorar, o que deve fazer para parar de nos magoar, como agir com as mulheres que ele conhece, o que não fazer com outras mulheres... Enfim, uma conversinha gostosa que eles insistem em chamar de briga.

Dissimular: fingir que não estamos olhando para o homem que não para de nos olhar – mas não tirar os olhos dele, ainda que de soslaio.

Divorciada: mulher que se livrou de pelo menos 70 quilos de peso morto.

Doces: os melhores conselheiros amorosos, sabem exatamente como nos acalmar em um momento de crise.

Domesticar: deixar nosso homem do jeitinho que gostamos.

DR: os homens chamam de entediante Discussão de Relação. Nós, mulheres, temos outra visão: Debate Rotineiro, Desabafo Racional, Desespero Raivoso, Duplo Risco, Desejo Reprimido, Desgaste Ritmado, Desvio de Rasteira, Desprezo Redirecionado, Dicas para Redenção.

Elogio: música para nossos ouvidos.

Emagrecer: 1. escalar o monte Everest de costas. **2.** encontrar a mulher linda que ficou escondida embaixo das gordurinhas.

Empolgação: emoção que aflora no início do relacionamento, quando estamos certas de que dessa vez acertamos.

Encontro com o ex: momento da vingança, de mostrar a ele como estamos lindas, maravilhosas, felizes, plenas e o quanto ele perdeu nos trocando por aquela fulaninha – mesmo que essa alegria toda seja só de mentirinha, é por uma boa causa.

Encrenca: homem casado.

Engalfinhar: puxar pelos cabelos a atrevida para mostrar a ela quem é a dona do moço para quem ela ficou olhando o tempo todo.

Escândalo: berrar e parar tudo em volta, deixando que todos percebam que estamos puxando pelos cabelos a atrevida e mostrando a ela quem é a dona do moço para quem ela ficou olhando o tempo todo.

Escapulida: ato suicida do parceiro tentando nos enganar.

Escombro: o que sobra das coisinhas que ele adora – como a coleção de carrinhos ou todos os DVDs dos filmes *Missão Impossível* – quando descobrimos uma traição.

Espalhafatosa: postura que assumimos quando é essencial chamar a atenção dele a qualquer custo.

Espelho: 1. placa, geralmente afixada na parede, que tem impressionante influência sobre o humor feminino. Em um dia de bom humor, pode até animar ainda mais o momento; na hora do mau humor, é melhor ficar coberto com um pano preto – exatamente a recomendação que se dava antigamente para casos de grandes tempestades. **2.** objeto mentiroso, traiçoeiro, especialmente quando está próximo a uma luz forte e direcionada. Mostra-nos sempre mais gordas, mais envelhecidas e com mais celulite do que realmente temos.

Espelunca: casa que ele divide com dois amigos desde o divórcio.

Esperança: 1. fadinha que aparece cada vez que conhecemos um possível pretendente, jogando sobre nós um pó mágico que nos faz sonhar com momentos inesquecíveis, casamento e filhos, antes mesmo de completarmos o aperto de mão enquanto dizemos "muito prazer". **2.** impressão crescente de que nossos sonhos irão se tornar realidade.

Estado civil: geralmente reflete o estado de espírito, com as solteiras ansiosas procurando pela cara-metade, e as casadas, frustradas reclamando do cara o tempo inteiro.

Estresse: sentimento de exaustão que nos torna capazes de uma grande explosão diante de questões aparentemente menores, como pegar uma chuva na hora em que saímos do cabeleireiro ou faltar gasolina no meio da avenida quando estamos atrasadas para uma reunião.

Estupidez: 1. falar o que realmente pensamos sobre o melhor amigo dele, mulherengo, já no primeiro encontro. **2.** querer que ele concorde com nossa opinião sobre o amigo mulherengo.

Euforia: surto no qual mergulhamos às vésperas de um primeiro encontro.

Evidência: fio de cabelo diferente na calça dele.

Evidência forte: mancha de batom na camisa dele.

Evidência fortíssima: calcinha na pasta de trabalho dele.

Ex: homem que já foi o melhor, mais lindo e mais maravilhoso do mundo e hoje é um crápula, egoísta, ingrato e safado.

Exame: procedimento de observar o homem da cabeça aos pés – dando especial atenção ao dedo anular da mão esquerda – para verificar se vale a pena investir.

Exatidão: cálculo do tempo que ele leva do trabalho até em casa – contando todos os possíveis semáforos vermelhos – para conferir se não houve desvio de rota.

Ex-namorada: a imperfeita, feia, burra e chata que faz tudo errado, na hora errada e da maneira errada. É cheia de defeitos – o maior deles é achar que ainda pode ser amiga do nosso namorado.

Falsidade: resposta afirmativa da falsa amiga quando lhe perguntamos se o vestido apertadíssimo ficou bom.

Faxina: tortura física e mental.

Felicidade: um namorado/marido lindo, inteligente e simpático que seja louco por nós, totalmente fiel, atencioso, odeie futebol e adore passar o final de semana conosco; que telefone, mande mensagens, flores, cartões, lembre de nosso aniversário, do aniversário de namoro e até do aniversário do nosso sobrinho. Viu como a felicidade está nas coisas simples? Simples assim.

Felizes para sempre: expressão usada nos contos de fadas para esconder o triste desfecho da história: que a princesa engordou, o príncipe não parava em casa e a princesinha teve de fazer terapia para aprender a conviver com os pais separados.

Festa em família: oportunidade para aquela nossa tia comentar pela milésima vez que, se não andarmos logo, vamos ficar para titia.

Fidelidade: **1.** capacidade de ficar com uma só mulher (ou homem) sem ter a impressão de que se está perdendo alguma coisa boa em algum lugar. **2.** escolher um a despeito de todo o mundo que continua a existir fora da relação. **3.** dom do qual nem todas as pessoas são dotadas. **4.** para alguns homens, um palavrão tão feio quanto xingar a própria mãe.

Fiel: ser do sexo masculino em que podemos confiar – o cão.

Fim de namoro: aquele momento de desespero em que sentimos que o mundo parece acabar e ficamos sem ar – até que surja uma nova paixão.

Fim do mundo: 1. ele terminar o namoro por e-mail. **2.** ele terminar o namoro na véspera de datas especiais, como aniversário, Natal ou Dia dos Namorados. **3.** ele dizer que não sabe mais o que sente por nós.

Fim do mundo apocalíptico: ele terminar o casamento no altar.

Flacidez: inimiga mortal que nos faz escolher entre pagar e ser torturadas em uma academia pelo menos três vezes por semana ou nunca mais usar biquíni.

Flores: presente pelo qual vivemos esperando receber e, quando ganhamos, vira uma pulga atrás da orelha depois que nossa melhor amiga nos avisa que homem só dá flores para a mulher quando apronta alguma coisa na rua.

Fofoca: bate-papo informal entre amigas em que as inimigas são o tema principal.

Fofoqueira: falsa amiga que conta para outras o segredo secretíssimo que guardamos a sete chaves – e só contamos para ela.

Fuçar: procurar com carinho no meio das coisas dele qualquer objeto suspeito.

Futebol: 1. rival invencível que acaba com o domingo em família, com o cinema na noite de quarta-feira e a qualquer momento leva para longe o nosso amor. **2.** esse termo se divide em várias categorias, mas em todas elas aparece como inimigo.

- futebol com os amigos: rival tão ruim ou pior que amante, pois tira nosso homem de casa sem nos dar o direito de fazer uma cena de ciúmes;

- futebol na TV: rival que, além de roubar a atenção dele, acaba com o ilustre momento de ver TV em família.

- futebol no rádio: irritante até não poder mais.

Observação: nesse quesito, até podemos abrir uma exceção para a Copa do Mundo, já que só acontece a cada quatro anos e, por isso, é perfeita. Todos os outros campeonatos deveriam ser extintos por leis internacionais, em prol da sobrevivência familiar.

Gordura: **1.** ilusão de ótica. **2.** acúmulo das besteiras às quais não resistimos, deixando em nosso corpo a lembrança de nossas fraquezas. **3.** capa que esconde nossa verdadeira beleza interior.

Greve: **1.** quando deixamos de fazer o que eles querem até que eles façam o que nós queremos. **2.** conflito que se arma quando ele cisma de não fazer o que deixamos bem claro que era essencial.

Grito: ato masculino que demonstra a incapacidade de continuar argumentando calmamente depois de três horas de DR (Discussão da Relação).

Grosseria: dizer que uma mulher está menos bonita ou mais gorda do que ela gostaria.

Happy hour: invenção masculina para que os homens tenham uma boa desculpa para sair sozinhos, beber e paquerar outras mulheres.

Histeria: momento de mostrar a ele que, por um bom motivo – como uma paquera descarada na nossa frente – podemos ser bem mais loucas do que ele imaginaria ser possível.

Homem: 1. ser do sexo masculino que criticamos e questionamos, de quem até duvidamos, mas por quem vivemos procurando. **2.** sujeito que nos faz de objeto; às vezes é bastante direto, e outras, é mais indireto e nos leva no papo.

Homem-banana madura: é bonito, inteligente, simpático, bem-humorado e solteiro. Parece tanta moleza na beira da estrada que nós até desconfiamos.

Homem bonito: dor de cabeça e vigília constante. Com ele, vem de presente um bichinho de estimação chamado monstrinho dos ciúmes.

Homem carente: no início, parece nossa alma gêmea. Com o tempo, torna-se tão inconveniente que acaba virando um concorrente competindo por atenção.

Homem casado: pulo no abismo sem paraquedas.

Homem-kryptonita: sempre acha nosso ponto fraco e sabe como acabar conosco.

Homem feio: sossego em saber que ninguém vai querer olhar para o que é nosso – se bobear, nem nós.

Homem mulherengo: terror de toda louca de amor; *expert* em deixar uma mulher insegura, enciumada, desesperada. Está na lista negra, com a recomendação de evitar a qualquer custo, mas, em uma curva mais fechada, derrapamos e caímos sobre um desses.

Homem recém-separado: pássaro recém-libertado da gaiola – ele nem sabe para onde, só sabe que quer voar e não vai parar de jeito nenhum para ficar em nosso ninho.

Homem reciclado: aquele que a ex dispensou porque viu os defeitos e nós seguramos porque ainda estamos avaliando as qualidades. Esse tipo é essencial para preservar a espécie nesses tempos de problemas ambientais que causam a escassez de recursos naturais.

Homem romântico: espécie em extinção – parece que o último exemplar foi visto congelado no Alasca, guardado para experimentos no futuro que possam explicar a teoria da involução.

Homem-sapo: é aquele que, no começo, parece um príncipe encantado, porém, quanto mais beijamos, mais sapo ele vira.

Homem sem graça: é como gripe – ninguém quer, mas, em um dia de chuva e preguiça, para não ficar assistindo filme em casa sozinha, até que cai bem.

Homem solteiro: espécie rara.

Homem solteiro interessado em relacionamento: espécie em extinção.

Homem solteiro interessado em compromisso sério: espécie extinta.

Homem-trator: no início, parece forte, másculo; depois, passa por cima de nossos sentimentos sem dó nem piedade e só para quando coloca tudo para baixo. É um perigo para loucas de amor.

Homem-travesseiro: é chato, não tem bom papo, não sabe cativar, mas serve para descansar a cabeça e dormir depois de um dia difícil.

Honestidade: capacidade feminina de dizer o que aconteceu de modo que não seja preciso mentir – nem falar exatamente a verdade.

i

Idade: detalhe completamente dispensável na vida de uma mulher, o qual deveria ser excluído das fichas, dos cadastros, dos registros e das memórias.

Ideia infeliz: quando, em um momento de empolgação, chamamos o novo namorado para ir à festa que vai estar cheia de mulheres solteiras.

Idiotice: dar uma segunda chance para alguém nos magoar.

Ilusão: acreditar que aquele homem casado que diz "vou me separar" vai mesmo fazê-lo.

Imaginação: inimiga traiçoeira que habita a mente e nos faz pensar nas situações mais absurdas possíveis, como acreditar que ele está, em plena hora do almoço, com duas loiras e três morenas e, por isso, não atende o celular.

Ímã negativo: capacidade que muitas mulheres têm de atrair o tipo errado para sua vida.

Impaciente: mulher que espera, andando de um lado para outro, o telefonema daquele paquera que jurou que iria ligar depois do primeiro encontro.

Imparcial: aquela amiga que foi chamada para dizer quem está certo na discussão e prova por A + B para nosso namorado que, no caso em questão, nós estamos certíssimas.

Imprevisto: salto quebrado na hora de sair, calça que não entra, gasolina que acaba no meio do caminho...

Imune: mulher que não cai mais no conto do vigário de homens mulherengos.

Inabalável: a fé de uma louca de amor de que um dia vai encontrar o amor da sua vida.

Incompreensivo: homem que não entende que é normal ter 50 pares de sapato, 80 vestidos, 100 camisas, 30 calças e, mesmo assim, abrir o guarda-roupa e dizer "não tenho roupa para ir à festa".

Inconsequente: homem que fala, à queima-roupa, frases como "nossa, como você engordou".

Incontrolável: nossa boca quando não queremos demonstrar mais uma crise de ciúmes.

Indecisão: levar cinco horas para decidir entre o sapato preto e o marrom, mesmo sabendo que a última coisa que ele vai olhar é para nossos pés.

Indefesa: mulher que acabou de terminar um namoro e está carente, pronta para cair nas garras de um lobo mau.

Indiferença: sentimento que fingimos ter quando encontramos o ex pela primeira vez depois da separação.

Indignação: capacidade masculina de se chatear com coisas bobas, como um banho de 50 minutos antes de nos arrumarmos para sair com a turma.

Indiscreta: pessoa que pergunta a idade a uma mulher.

Inesquecível: emoção, boa ou má, que fica para sempre, como o primeiro beijo ou o primeiro fora.

Ingratidão: ele terminar o namoro sem reconhecer como transformamos o homem insensível em um homem sensível que se lembra até do aniversário de namoro.

Injustiça: precisar se depilar, fazer escova, chapinha, unha, maquiagem, comprar vestido e acessórios para ir a uma festa quando eles simplesmente lavam o cabelo, sacodem-no, colocam uma calça e uma camiseta e saem.

Inocente: moça que acredita quando ele jura amor eterno no primeiro mês.

Insensatez: **1.** achar que aquela mulher madura, desencanada e sensata vai continuar madura, desencanada e sensata se o homem prometer e não ligar no dia seguinte. **2.** achar que aquela mulher madura, desencanada e sensata vai continuar madura, desencanada e sensata se o homem der o "pé na bunda dela".

Insensatez-mor: achar que aquela mulher madura, desencanada e sensata vai continuar madura, desencanada e sensata se pegar o namorado/marido no flagra com outra.

Insegurança: **1.** medo de que nossos piores pesadelos se tornem realidade. **2.** companheira que nos acompanha noite e dia e costuma falar besteiras em nosso ouvido, justamente quando a relação vai bem. Costuma agir juntamente com o monstrinho do ciúme.

Internet: quando estamos solteiras, paraíso no formato de vitrine em que podemos encontrar homens de todos os tipos e paquerar sem nos expormos demais; quando temos compromisso, inferno onde outras mulheres podem encontrar nosso homem.

Intuição feminina: alerta que funciona para quase tudo – só falha quando o ciúme fala mais alto: nós sempre desconfiamos.

Inveja: 1. mal que acomete as mulheres incapazes e incompetentes. Loucas de amor não têm inveja; têm vontade de ter igual. **2.** ver a colega com o terceiro namorado novo do ano enquanto continuamos amargando solidão. **3.** descobrir que nossa inimiga comprou um vestido mais bonito, mais charmoso e mais barato que o nosso. **4.** perceber que o vestido que deixamos na loja por causa do preço alto ou por falta de caimento – ou pelos dois motivos somados – ficou melhor em outra (no corpo e no orçamento dela).

Inveja fatal: encontrar o ex com uma mulher mais nova e mais bonita.

Jejum: estado em que deveríamos nos manter até conseguirmos voltar ao peso ideal.

Jovial: aparência que tentamos manter ao longo da vida, ao custo de muito creme, pomada, vitamina, maquiagem, *peeling* etc.

Juntar: ir morar com o namorado, frustrando o sonho do casamento perfeito.

Juras de amor: meia dúzia de palavras que vivemos esperando ouvir e eles teimam em não dizer.

Juventude: período glorioso que deveria ser eterno.

Lágrima: arma fatal para desarmar o homem – em excesso, o feitiço pode virar contra a feiticeira.

Lambiscar: cometer o erro de furar a dieta comendo besteira entre as refeições.

Legenda: letrinhas – que os homens deveriam ver – que passam correndo nos nossos pés e traduzem exatamente o que queremos dizer. Por exemplo: quando falamos "sim", na legenda aparece "não"; quando dizemos "eu não me importo", o letreiro traduz "vou ficar muito brava se você for sozinho".

Lei da gravidade: regra instituída por alguma instituição machista para tornar pior o que já estava ficando ruim. Já existe um Conselho Internacional Feminino pela revogação dessa lei.

Lembrança: imagem de bons momentos vividos com o ex que teimamos em não esquecer para sofrer um tantinho mais.

Lento: homem que ainda está dando bom-dia e não percebeu que já estamos no meio da paquera.

Lerdo: pior do que o lento: ainda nem deu bom-dia.

Lindo: homem que fica bem até de calça jeans, camiseta branca e barba malfeita.

Loucura: essa palavra não existe em nosso dicionário. Lembre-se: para uma louca de amor, o céu é o limite!

Malhar: torturar-se como louca na academia para ficar com o corpinho em forma.

Malvada: uma louca de amor irritada.

Mancha de batom na manga dele: mato um.

Mancha de batom na gola da camisa: mato os dois.

Mancha de batom na cueca: mato quem passar na frente.

Maquiagem: 1. parte do kit de sobrevivência na selva de pedra. **2.** aliada essencial na vida da mulher, que ganha mais importância à medida que avançam os anos – e vai também ficando mais densa.

- até os 10 anos: brinquedo para a menina que quer se parecer com a mãe – leve, geralmente só batom e sombra;

- dos 11 aos 15 anos: perfeita para esconder espinhas – começa a usar corretivo e um pouco de pó compacto;

- dos 16 aos 20 anos: ideal para realçar olhos e boca, especialmente para a balada – abusa de lápis de olho, rímel, batons...

- dos 21 aos 30 anos: ressalta alguns pontos fortes e ajuda a disfarçar detalhes indesejados, como um nariz maior do que o padrão – especialmente corretivo e pó, um tanto de sombra e batom mais intenso;

- dos 31 aos 40 anos: disfarça olheiras de noites maldormidas preocupada com os filhos, com as contas, com o marido etc. – a base passa a ser parte integrante da *nécessaire*, juntamente com o pó e corretivos;

- dos 41 aos 50 anos: tapa-rugas – ocupa lugar especial na rotina, antes mesmo do bom-dia para o marido –, muita base, pó e corretivo. A sombra tem de ser discreta, para não chamar atenção para o que não deve;

- dos 51 anos em diante: a maquiagem é feita praticamente na cama, ainda no travesseiro, meio de lado para o marido não ver. Exige acessórios mais pesados, como uma boa base importada que forme uma camada de revestimento. O batom pode ser leve, para não chamar muita atenção ao rosto, ou vermelho intenso, para que não se veja nada além da boca.

Masoquista: mulher que insiste em tentar novamente e novamente com um homem que só lhe faz mal.

Mediocridade: achar que dinheiro é tudo na vida, esquecendo-se de que há também os cheques e o cartão de crédito.

m

Medo: **1.** sensação ruim que aumenta à medida que a idade avança e percebemos que são cada vez maiores as chances de continuarmos sozinhas. **2.** uma mulher mais nova e mais bonita que nós começar a trabalhar no escritório dele. **3.** a mulher mais bonita e mais nova ser exatamente o tipo dele. **4.** a mulher mais bonita, mais nova e tipo dele ser recém-separada.

Meia-boca: **1.** homem que não é lá essas coisas, nenhuma maravilha, mas quebra o galho. **2.** maquiagem feita na correria só para não assustar a presa. **3.** encontro que prometia ser maravilhoso, mas que mal chegou no 5 em uma escala de 0 a 10. **4.** vestido comprado às pressas para ir a uma festa, que não é o que queríamos mas foi o que coube no orçamento.

Meia-calça: peça essencial no guarda-roupa da mulher que chegou aos 40, não malha, mas quer usar saia.

Minissaia: vestimenta básica de conquista até os 25-30 anos; daí para a frente, entra na linha de risco e deve ser abolida quando o bom senso mandar.

Memória: **1.** aquela parte do corpo deles que funciona bem para tabela de campeonato de futebol, mas falha para nossas datas festivas fundamentais, como o dia do primeiro beijo. **2.** traiçoeira que nos faz lembrar das coisas ruins que aconteceram enquanto estamos juntos e, assim que acaba a relação, como num passe de mágica, faz sumir da mente tudo o que houve de ruim e deixa só o registro de cada bom momento, para morrermos de saudade.

Mentira: 1. aquele bichinho besta que depois que sai da boca dele se instala de mala e cuia na relação e passa a ocupar a casa de nossa amiga confiança, que vai embora. **2.** meio de sobrevivência de uma louca de amor para disfarçar sua loucura. Geralmente é "leve", como dizer que procurava um livro no armário, quando, na verdade, estava xeretando a agenda do marido.

Milagre: ele se lembrar de ligar, mandar mensagem e comprar presente nas datas especiais.

Mimado: homem que vive no tempo das Amélias e espera comida no prato e lata de cerveja na mão.

Miragem: um homem maduro, bonito, interessante e solteiro.

Moda: camisa de força que nos induz a usar roupas que não combinam com nosso jeito e desvalorizam nosso corpo, só para não ficar fora da turma.

Monstro: homem que fala o que não queremos ouvir e faz o que não queremos que faça. Por exemplo: falar das gordurinhas fora do lugar ou coçar o que não deve em público.

Montanha-russa: melhor definição para as etapas da idade de uma mulher: até os 30 anos, é uma subida íngreme; depois, é só descida, com altos e baixos.

Morto: nome que damos ao homem que nos deixou arrasada ao fim de uma relação.

Mudança radical: atitude tomada ao fim de uma relação; geralmente inclui corte e mudança na cor do cabelo ou, ainda, em um ato de desatino, um guarda-roupa novo.

Mulher solteira: ameaça à vista.

Mulher-bomba: ela se aproxima de nosso amado com o objetivo de detonar nossa relação.

Mulher-cabrita: come toda a grama e flores do lindo jardim que plantamos e do qual cuidamos com todo o amor.

Mulher-cobra: está sempre pronta para dar o bote.

Mulher-coitadinha: finge ser "a" insegura e que precisa de ajuda para conseguir o apoio de nosso namorado. Age tão bem que, se reclamamos, somos consideradas injustas.

Mulher-incendiária: põe fogo em nosso companheiro e transforma a relação em cinzas.

Música romântica: som que desperta em nós sentimentos dos mais contraditórios: faz sorrir e suspirar profundamente quando somos correspondidas, mas nos leva a chorar copiosamente quando estamos sós.

Mutilado: homem que traiu a mulher.

n

Nada: resposta invariável quando perguntamos o que eles estão pensando.

Nádega: aquela parte do corpo que, assim como o seio, nunca é exatamente como gostaríamos: ou magra demais ou gorda demais; ou muito pequena ou muito grande.

Namorado: troféu que exibimos com orgulho para provar às colegas invejosas que estamos bem no jogo.

Namoro: primeiro passo para realizarmos nosso sonho de consumo – o casamento.

Necessário: objetos sem os quais não poderíamos viver decentemente, como batom, espelho, perfume, maquiagem, creme hidratante, pente, escova de cabelo e uma bolsa enorme para guardar tudo isso. Não à toa, a bolsinha para acomodar esses itens chama-se *nécessaire*.

Neurótica: louca de amor que passou um pouquinho do ponto.

Noiva: mulher que está no meio do caminho para realizar seu sonho de viver um grande amor.

Noivado: aquele tempo que fica entre o namoro e o casamento – para ele, serve para prepararmos tudo para o grande dia; para nós, é a longa espera com medo de ele mudar de ideia.

Nossa música: aquela que nunca toca nos momentos especiais em que precisamos e, depois que a relação acaba, toca o tempo todo nas rádios, nas casas, a toda hora e em todo lugar.

Novela: oportunidade de ser louca, santa, traída, traidora e viajar o mundo sem precisar levantar da poltrona.

Obcecada: mulher que cismou e só vai parar quando o homem escolhido for seu.

Óbvio: é aquilo que parece não fazer qualquer sentido, mas, em uma análise mais profunda, se mostra totalmente evidente. Por exemplo: um homem maduro, bonito, inteligente e interessante, obviamente, é casado; o sapato que mais nos chama atenção em uma vitrine, obviamente, é o mais caro; no dia em que o carro quebra, as crianças amanhecem doentes e temos uma reunião importante na empresa, obviamente a empregada não vem.

Ódio: sentimento que um homem desperta quando usa e abusa de nosso amor.

Oposto: homem que pensa tudo errado, porque pensa diferente de nós; se os opostos se atraem, é para que a mulher arrume tudo o que está errado nele.

Osso: nome com que chamamos aquelas irritantes modelos extremamente magras, só para aliviar a inveja.

Paciência: capacidade de esperar 4 minutos e 59 segundos antes de ligar 1.500 vezes quando ele está atrasado.

Paixão: **1.** amiga íntima que é praticamente de casa; vive escondida dentro do armário e salta para fora ao menor sinal de pretendente à vista. **2.** sensação maravilhosa de tirar os pés do chão e flutuar acima de tudo e de todos, como se nada mais existisse. **3.** a verdadeira essência de uma louca de amor.

Palhaço: homem que insiste em brincar com os sentimentos das mulheres.

Pânico: descobrir que o homem com quem sonhamos casar, com viagem e lua de mel em uma praia maravilhosa, está sonhando com a safada da vizinha.

Patético: **1.** quebrar o salto justo no momento em que estamos bem empinadas para chamar a atenção do paquera. **2.** descobrir, no meio da festa, quando acreditamos estar arrasando porque todo mundo nos olha, que a etiqueta enorme de preço está pendurada nas costas – e o vestido é de liquidação. **3.** passar uma cantada anônima e descobrir que o telefone tem identificador de chamadas. **4.** descobrir tarde demais que a festa à fantasia virou *black tie* e só nós não fomos avisadas. **5.** sair do banheiro, na festa, com papel higiênico preso no sapato. **6.** achar que está tomando uma cantada, abrir o vidro do carro toda empolgada e descobrir que o gatinho no carro ao lado só quer avisar que a porta está aberta. **7.** achar que é a "boa", passando batom sem espelho, e descobrir depois que passou metade da festa com a cara do Bozo. **8.** falar gritando para ser ouvida e perceber, no meio do grito, que a música acabou de repente. **9.** no final da balada, perder a carona, o dinheiro, a carteira, a dignidade e voltar de manhãzinha para casa, toda arrumada, com brilho e salto alto, de "busão".

Pavor: 1. lembra da mulher mais bonita do escritório, mais nova, tipo dele e recém-separada que nos deixava com medo? Pavor é quando ela telefona no fim de semana. **2.** sabe a mulher bonita do escritório, nova, tipo dele e recém-separada que telefonou? Ele saiu da sala para atender...

Pecado: o homem que acabamos de conhecer ter exatamente todas as qualidades que procuramos, com o "defeitinho" de ser casado.

Pé na bunda: típica ação que pode até ser boa de executar, mas péssima de receber.

Perdoar: fingir que vamos continuar o relacionamento, mesmo depois da traição, para poder dar o troco à altura.

Perigo: 1. uma louca de amor enciumada. **2.** uma louca de amor enganada.

Persuadir: convencer nossa amiga de que não há nada de absurdo em passar de carro mais de cem vezes na frente da casa daquele ex por quem ainda somos apaixonadas e que é essencial ela nos acompanhar para não corrermos o risco de bater no poste enquanto dirigimos pendurando meio corpo para fora da janela do carro para se certificar de que a luz do quarto dele, no nono andar, está acesa.

Perturbador: homem de olhar penetrante que nos encara o tempo todo – geralmente, um *bad boy*.

Perverso: homem malvado que nos engana fazendo acreditar que somos mesmo seu único grande amor.

Pilequinho: boa desculpa para dar a tão adiada cantada no paquera.

Pílula anticoncepcional: representação minimizada da independência feminina.

Policiar: cuidar do que é nosso – vigiar o namorado.

p

Pontualidade: qualidade masculina que insistem em exigir das mulheres, como se fosse possível ficar pronta na hora tendo que pentear, secar e esticar o cabelo, se maquiar, se arrumar, se ajeitar etc.

Porre: 1. tido como remédio para esquecimento de desilusões amorosas e problemas – geralmente só serve para arrumar problemas novos. **2.** péssima atitude a se tomar logo depois de um pé na bunda – geralmente vem acompanhado de ressaca e arrependimento. **3.** atitude insana que nos faz agir como normalmente não agiríamos. A dor de cabeça posterior depende do tamanho da besteira patrocinada por ele. **4.** oportunidade para aquele chato – para quem nem sequer olharíamos sóbrias – se dar bem.

Posar para foto: posicionar-se no seu melhor ângulo, encolhendo a barriga e esticando bem os olhos, para esconder rugas.

Possessiva: louca de amor.

Possessividade: palavra que ganhou teor negativo injustamente, pois consiste simplesmente em ter só para nós o homem que é nosso de fato e de direito.

Postiço: 1. acessórios que são praticamente parte

integrante das mulheres. **2.** como nos carros, reforço para compensar o que não veio de série, como um peito de silicone ou um lábio preenchido.

Postura: posicionamento corporal que tentamos manter para impressionar os homens; nos impede de respirar, virar a cabeça ou cumprimentar com a mão. Lembra um pouco a brincadeira de estátua.

Praia: espaço democrático em que descobrimos que não estamos tão mal quanto pensávamos, mas que poderíamos estar muito melhor, como queríamos.

Prejulgamento: 1. errar totalmente achando que aquele homem lindo, inteligente e gentil não é tão inteligente e gentil quanto parece. **2.** concluir, só de olhar de longe, que aquelazinha encarando nosso namorado não presta mesmo.

Prendada: mulher que consegue nos irritar com sua capacidade de fazer bolos, pregar botão ou costurar uma roupa, tudo isso no tempo que levamos para passar a linha pelo buraco da agulha.

Presente: aquele objeto simples que ele deixa esquecido na loja nas datas mais importantes de nossa relação.

Pressão: perguntar, em média a cada dois meses e meio, quando será marcada a data do casamento.

Pretendente: homem que está em nossa mira.

Previsão errada: passar o tempo todo tentando adivinhar quando, onde e com quem nosso amado nos trai e, quando descobrimos, percebemos que queríamos mesmo era ter errado.

Príncipe: **1.** ser mitológico do reino da fantasia que teimamos em acreditar que existe. **2.** personagem de filme de ficção científica. **3.** personagem criado para enganar meninas e dar falsa alegria às mocinhas inocentes, como Papai Noel, Coelhinho da Páscoa e Fada dos Dentes.

Promessa: algo que dizemos que vamos fazer já sabendo que não faremos, como começar dieta e ginástica na segunda-feira.

Promessas: ações transformadas em palavras que insistimos que eles repitam e cumpram, mas eles não costumam passar da primeira parte.

Prova de amor: mandar mensagem logo pela manhã, ligar muitas vezes ao dia, não se esquecer de datas especiais, não olhar, mesmo que passe uma mulher linda seminua, pedir em casamento.

Provação: ir a uma festa com o namorado e dividir a mesa com a ex dele que fica recordando os bons tempos, sem jogar o conteúdo do copo em cima da cabeça dela.

Queridinho: namorado da vez.

Questionamento: meio de tirar dúvidas básicas imprescindíveis para uma louca de amor, como saber por onde ele anda, com quem e o que está fazendo.

Raiva: 1. monstrinho primo do ciúme – geralmente eles andam juntos – que nos deixa completamente transtornadas, xingando, magoando e aprontando tantas outras coisas que não fazemos quando esse monstrinho não está por perto. **2.** sentimento que ele provoca em nós quando não percebe que o que estamos objetivamente sugerindo que ele faça é o melhor, exatamente o que deveria fazer, mas ele se recusa.

Ranzinzice: mania dele de reclamar de tudo, a qual nos parecia tão divertida no início da relação, que achávamos até engraçada, mas se torna um peso depois de anos de casamento.

Raridade: homem disponível, sapato bom em promoção e chocolate gostoso que não engorda.

Rasteira: dizer para a colega de trabalho que o novo funcionário da empresa é cheio de defeitos – e depois ficar com ele.

Realidade: a pia suja, a cama vazia, as contas para pagar e tudo o mais que se impõe no intervalo da novela.

Realista: quem prefere lavar a louça, pagar as contas e ir mais cedo para a cama vazia a assistir à novela.

Reatar: fazer a besteira de retomar o namoro com o canalha que juramos que não queríamos ver nem mortas.

Reciclar: relacionar-se com homem separado aproveitando o que outra já descartou. Faz parte também do processo de reciclagem passar para a frente o homem que não nos interessa mais.

Recíproco: quando desejamos para a ex dele o dobro de tudo o que ela nos deseja.

Reclamação: 1. manifestação de nosso direito de ver as coisas feitas exatamente como imaginamos que deveria ser. **2.** demonstração de desagrado – geralmente consiste em frases acusatórias repetidas infinitamente até que eles admitam que estamos certas e eles errados.

Recomendação: dica bem legal que damos somente para as amigas, como o telefone do nosso cabeleireiro ou um filme emocionante.

Recompensar: 1. momento especial que oferecemos ao nosso parceiro – geralmente à luz de velas, com vinho e outros complementos – para demonstrar nossa alegria quando ele atende a um pedidinho nosso, como cancelar o futebol de sábado à tarde. **2.** aquilo que esperamos que ele faça quando pisa na bola, como viajar no final de semana a trabalho ou esquecer o presente do aniversário de namoro.

Reconquistar: pegar de volta o namorado que não queríamos mais e outra dominou.

Reconsiderar: pensar em aceitar o convite de namoro recusado quando percebemos que o pretendente tem atrativos que até então não havíamos percebido, como um corpo bem trabalhado ou a atenção da nossa rival.

Relação: para uma louca de amor, a relação é como um filme de cinema, com direito a final feliz. Dependendo do filme, o final pode não ser tão feliz assim.

- relação *À Espera de um Milagre*: o nome já diz tudo;

- relação *Asas do Desejo*: no início, ele parece um anjo, mas acaba como qualquer mortal;

- relação *Casablanca*: estamos sempre esperando que dê certo;

- relação *Chocolate*: chega sem aviso, vira nossa vida de cabeça para baixo e vai embora;

- relação *E o Vento Levou*: só damos valor quando acaba;

- relação *ET – O Extraterrestre*: ele vive no mundo da lua;

- relação *Eu Sei que vou te Amar*: o casal discute tanto a relação, que não sobra tempo para mais nada;

- relação *Feitiço de Áquila*: cada um vive a própria vida e os dois mal se encontram;

- relação *Ghost*: dizem que ele está sempre por perto, mas, na verdade, nunca aparece;

- relação *Guarda-Costas*: ele está sempre no seu pé;

- relação *Hora do Espanto*: é um terror!

- relação *Mágico de Oz + Alice no País das Maravilhas*: nós vivemos no País das Maravilhas e eles não têm coração, coragem nem cérebro;

- relação *Matrix*: parece que vivemos em um mundo virtual, aparentemente bonitinho, mas, na realidade, cheio de problemas;

- relação *Noivo Neurótico, Noiva Nervosa*: autoexplicativo;

- relação *O Médico e o Monstro*: nunca sabemos quem vamos encontrar em casa;

- relação *O Náufrago*: nos sentimos sozinhas em uma ilha deserta;

- relação *Pontes de Madison*: dura pouco, mas lembramos a vida toda;

- relação *Sexta-feira 13*: é ruim e dura mais do que deveria;

- relação *Sr. e Sra. Smith*: aparentemente, tudo corre às mil maravilhas, mas, por trás, cada um vive sua própria vida, escondido do outro;

- relação *Titanic*: está na cara que vai afundar;

- relação *Tubarão*: se bobearmos, ele nos devora.

Respeito: moço forte que, juntamente com o amor e a confiança, segura uma grande construção chamada relação. Quando ele cai, dificilmente os outros conseguem mantê-la em pé.

Ridicularizar: fazer com que toda a turma saiba os podres da "fulaninha" que não sai do pé do nosso amado.

Risco: quando uma louca de amor, louca para se apaixonar, se envolve com um mulherengo louco para curtir.

Rival: 1. qualquer criatura que use saia e não seja padre ou escocês. **2.** mulher que passa a menos de 1,5 metro de nosso amado. **3.** mulher que aparece na hora errada e no lugar errado; pode até não oferecer risco, mas, se cai na cisma, não tem jeito.

Robusta: amiga que está um pouco acima do peso; inimiga é gorda mesmo.

Romântica: mulher que acredita no amor.

Romântico: raça extinta ou em vias de extinção. O último exemplar foi visto no século passado.

Romper: ação que traz alívio quando é iniciativa nossa e que vira sinônimo de fim de mundo quando a ideia é dele.

Rompível: uma relação que, para nós, não está fazendo muita diferença.

Rosnado: som que ele emite quando, contrariado, concorda em mudar de canal, sair na hora do jogo ou abrir a porta para a sogra que acabou de chegar.

Sábado: dia sagrado em que aquelas que têm compromisso fazem questão da companhia do amado; as solteiras apostam no visual e na nova balada para mudar de estado civil.

Sabedoria: vantagem adquirida com a experiência, possibilitando que troquemos a briga por um boicote a qualquer sugestão de lazer de que ele goste; substituir a DR por uma sessão de massagem para compensar o aborrecimento que ele nos provocou; substituir a briga pelo esquecimento do presente por um presente escolhido a dedo por nós – sem limite de crédito.

Sabonete: objeto de higiene pessoal que os homens insistem em deixar cheio de pelos.

Sacanagem: ato de ludibriar uma mulher, como dizer que vai ligar e não ligar; jurar que está apaixonado só para se dar bem; mentir para se livrar de uma DR.

Saia justa: momento em que o ex-namorado, que nos deixou chorando de amor há pouco mais de um mês, nos procura, arrependido, nos vê abraçadinhas com outro e pergunta: "Mas você não disse que me amaria pra sempre?".

S

Salto alto: arma de elevação de autoestima com a qual nos sentimos não apenas mais altas, ajeitadas, mas superiores, acima do bem e do mal.

Sapo: 1. ser repugnante que pega mulheres como moscas para serem devoradas a seu bel-prazer. Como seus métodos já são conhecidos, costuma operar disfarçado de príncipe. **2.** animalzinho que beijamos, beijamos e beijamos na esperança de que se transforme em príncipe, sem efeito. O mais comum é encontrar príncipes que viram sapos.

Sarcasmo: declarações feitas por nossos parceiros que colocam em risco suas vidas, tais como: "Você não está gorda, amor. Isso é só pelanquinha", "Parece que suas roupas encolheram, não é?" ou, ainda, "Sua comida está maravilhosa. Eu é que perdi o apetite".

Saudade: 1. aquela companhia que cisma em não sair do nosso lado quando ele se ausenta por um período maior que o de costume e fica insistindo para telefonarmos uma vez, outra vez e mais uma vez. **2.** sensação estranha de faltar alguma coisa importante que não sabemos bem o que é. **3.** termômetro da relação.

Seca: fase de entressafra entre um namoro e outro, em que todos os amigos recomendam aproveitar para curtir e nós aproveitamos mesmo, mas para procurar o próximo namorado.

Sedução: kit composto de batom, saia curta, blusa decotada, vestido justo e tantas outras armas para pegar nossa presa – ou melhor, conquistar nosso amor.

Segredo: 1. aquilo que ele insiste em esconder e não sossegamos enquanto não descobrimos o que é. **2.** informação que uma pessoa mantém, mas duas mulheres não guardam.

Segurança: sentimento almejado e inalcançável de saber exatamente onde anda nosso parceiro. Como diz o ditado, a única que sabe com certeza onde o marido passa as noites é a viúva.

Senha de internet: é aquele conjunto de letras e números que fingimos não ver quando eles digitam e repetimos mentalmente até ter a oportunidade de deixar anotado em um papel bastante escondido só para o caso de um dia precisarmos conferir a caixa postal deles.

Sensatez: algo que deixamos para trás assim que o coração ameaça bater mais forte.

Separação: ação que transforma príncipes em sapos.

Sepultura: provável residência definitiva de um homem que trai uma louca de amor.

Serial conquistador: homem que pega as mulheres pelo ponto fraco, desperta paixões e as abandona.

Sexy: como nos sentimos quando colocamos o vestido justo novo, o sapato altíssimo e complementamos a produção; acaba quando chegamos na festa e vemos uma mulher bem mais produzida que nós.

Shopping: Disneylândia feminina onde descarregamos todo o estresse de uma briga com o namorado – local que eles insistem em chamar de câmara de tortura.

Short: peça de roupa que gera emoções controversas. Na adolescência, quando temos corpo para usar, ou nos sentimos magras demais ou gordas demais; na maturidade, quando resolvemos desencanar e usar, geralmente já não temos mais corpo para isso.

Sigilo: algo que nunca deveria ser pedido desnecessariamente a uma mulher.

Silêncio: mulher dormindo.

Simpatia: atitude que nos cai tão bem e soa tão falsa nas amiguinhas dele.

Simplificar: ato leviano (que pode trazer graves consequências), como nosso namorado nos dizer "mas é só um joguinho de futebol no sábado à noite".

Simular: dizem que as mulheres simulam em momentos essenciais. Nem conhecemos esse vocabulário...

Sinceridade: **1.** aquela que, quando não aparece, faz falta, e quando tem demais, assusta. **2.** palavra que aparentemente caiu em desuso no vocabulário de alguns homens. **3.** qualidade que vivemos testando em nossos parceiros.

Sobrevivente: mulher à beira dos 40 anos que já passou por uma ou mais separações, filhos, crise financeira, aluguel vencido, traição, cantada de homem casado, mas continua acreditando no amor.

Sogra: aquele ser que teima em achar que ama mais nosso marido que nós.

Solidão: passar a noite de sábado sozinha, comendo chocolate e assistindo a uma comédia romântica.

Sonho: saber que o nosso companheiro é completamente, loucamente, desesperadamente apaixonado por nós.

Sonho de consumo: expressão abrangente que envolve muitos desejos, como um namorado todinho nosso ou o tão sonhado casamento.

Sorriso: aquele desenho bonito que fica estampado no nosso rosto quando estamos apaixonadas; também funciona como arma de sedução feminina por meio da qual podemos representar muitas coisas:

- sorriso aberto: "você me faz feliz";

- sorriso animado: "gosto de estar aqui";

- sorriso discreto: "você é lindo";

- sorriso amarelo: "preciso arrumar um jeito de me livrar desse chato";

- sorriso malicioso: "hoje eu devoro esse homem";

- sorriso envergonhado: "será que ele percebeu minha barriguinha?";

- sorriso forçado: "preciso arrumar algo inteligente para falar nos próximos cinco segundos".

Observação: no dicionário deles, sorriso tem um só significado: "ela está na minha".

Sossego: olhar para o lado e ver que nosso companheiro continua deitadinho ali, dormindo tranquilamente.

Sufocar: ato de que somos acusadas só porque gostamos de cuidar do nosso queridinho, querendo saber aonde ele vai, com quem vai, por que vai, quanto tempo pretende ficar, a que horas volta, com quem volta e, especialmente, quantas mulheres havia no recinto.

Supervalorizar: consequência da paixão que nos faz considerar hipersupermegaplus o homem mau caráter que não merece nem nosso bom-dia.

Surreal: 1. quando nós, o ex-namorado e o atual nos damos tão bem que os dois saem para ver jogo de futebol, no estádio, no domingo, e nós ficamos a ver navios. **2.** ele acreditar que nós, ele e a ex vão qualquer dia a um restaurante para comer pizza civilizadamente.

Surto: reação a uma atitude indevida do namorado ou marido, como cancelar em cima da hora o jantar organizado durante seis meses.

Sutiã: objeto opressor e repugnante, mas indispensável na eterna luta feminina contra a lei da gravidade.

Teimosia: insistir em voltar três vezes com o mesmo homem que já avisou que não quer compromisso.

Tempestade: agitação atmosférica que tem início quando ele diz que vai chegar mais tarde para jantar.

Tempestade em copo d'água: quando eles reclamam muito por um motivo bobo, como marcarmos a reunião das amigas em casa no dia da final do campeonato brasileiro de futebol, mesmo sabendo que a TV do quarto está quebrada.

Tensão: momento difícil em que eles descobrem que aquele telefonema dado de madrugada atormentando a ex deles foi originado de nosso celular.

Tentação: vontade de se atirar nos braços dele fazendo juras de amor no meio do primeiro encontro.

Teoria: quando afirmamos que não vamos mais ter crise de ciúme, reclamar quando ele trabalha até tarde nem cobrar mais atenção. Mas, na prática, a teoria é outra.

Terremoto: a sogra vem passar férias em casa.

Tesão: aquela vontade louca de subir em cima quando vemos um sapato maravilhoso, vermelho e de salto alto.

Tesouro: o amor que guardamos para o homem que faça por merecer.

Teste de fidelidade: **1.** exame minucioso nas roupas dele à procura de indícios suspeitos, como fios de cabelo ou manchas de batom. **2.** sequência de perguntas repetidas à exaustão, de formas diferentes, estrategicamente preparadas para pegar uma contradição.

Testemunha: amiga de confiança, acima de qualquer suspeita, capaz de jurar de pés juntos que estávamos, em determinado dia e hora, em um lugar no qual nunca estivemos.

Tímida: tipo que encarnamos quando não queremos entregar o jogo logo de cara.

Tirana: ex-mulher que resolve marcar encontro para discutir problemas dos filhos justamente em um jantar na sexta à noite.

Tocaia: armadilha para pegar marido infiel; normalmente armada com a ajuda de uma amiga, naquele sábado à noite em que ele jurou que estaria em uma viagem a trabalho.

Tola: mulher que acredita que toda sexta-feira no final da tarde ele tem reunião emergencial com o chefe.

Tolerância: qualidade que nos permite suportar o futebol de quarta-feira à noite e o de domingo à tarde – mas o *happy hour* de sexta, jamais!

TPM: 1. semana em que os monstros dos ciúmes, da insegurança, da inveja, da ansiedade, do medo, do nervosismo e da inquietação se reúnem e ficam alojados fazendo festa em nosso coração. **2.** período de insanidade temporária no qual não podemos responder por nossos atos. **3.** conhecida como tensão pré-menstrual, pode também ser chamada de Tempestade Para Maridos, Tortura Para Mulheres, Tragédia Pelo Medo, Tenha Pena de Mim, Tudo Pelo Melhor, Treino Para Malucas, Tente Pisar Macio, Traga Presentes Melhores, Tire o Peso Morto ou Trocar os Pés pelas Mãos. **4.** fase do mês em que não são apenas os homens que não entendem exatamente o que queremos – nós mesmas não entendemos.

TPM grande: apocalipse.

Traição: 1. fantasma que aparece em forma de monstro, assombrando nossas noites e nossos dias, ameaçando levar para longe nosso amado. Para eles, para nossa desgraça, ela aparece em forma de tentação. **2.** qualquer ação dele direcionada a outra mulher: namorar, beijar, abraçar, fantasiar, imaginar, pensar ou apenas sonhar.

Traída: mulher capaz de qualquer coisa.

Transtornada: mulher que acabou de descobrir que o marido fugiu para o Caribe com a vizinha usando a poupança da faculdade das crianças.

Trapaça: ficar com duas ou mais namoradas ao mesmo tempo enquanto decide com qual delas deseja continuar.

Trauma: descobrir que o homem com quem estamos saindo não quer nada sério – exatamente como os três anteriores.

Tristeza: sentimento que fica mais forte quando estamos sozinhas.

Tropeço: nome que alguns homens adotam para minimizar a traição.

Tumulto: mais de duas mulheres falando ao mesmo tempo, conversando assuntos distintos, cruzando conversa de modo que só elas conseguem se entender.

Turma do Bolinha: amigos solteiros que insistem em marcar programas nas noites de final de semana.

U

Unanimidade: quando todas as nossas amigas concordam que ele não é bom o suficiente para nós e que, se seguirmos adiante, vamos "quebrar a cara" – geralmente seguimos, e quebramos.

Urgente: qualquer coisa que seja totalmente inadiável – e que a maioria dos homens não entende –, como fazer as unhas antes da festa mesmo que isso signifique dar um "cano" em metade do expediente; comprar um vestido novo para romper o ano mesmo estourando o orçamento; acordar nosso querido de madrugada para ele confirmar que nos ama e, assim, afastar a tristeza provocada por um pesadelo.

Vaca: mulher que se mete com nosso namorado.

Vaquíssima: mulher que tenta roubar nosso namorado bem debaixo do nosso nariz.

Verão: momento em que percebemos que nossas promessas de frequentar academia para entrar em forma antes da próxima temporada foram por água abaixo.

Verdade: **1.** termo que, para as mulheres, tem significado absoluto, mas, para os homens, é bastante relativo. **2.** reunião de palavras que queimam nossa língua e acabam escapando mesmo quando sabemos que não deveriam sair.

Vestido: instrumento de sedução que costuma ser reforçado com acessórios.

Vexame: situação que afeta nossa integridade, como encontrar outra mulher com um vestido igual ao nosso na festa, o salto do sapato quebrar no meio do caminho ou descobrir, já quase em casa, que o batom está todo borrado.

Viagem dele a trabalho: dias em que nos sentimos

V

abandonadas, largadas e perdidas, sem saber bem o que fazer, pois mexeram em toda a nossa rotina, mandando nosso amor para longe.

Volúvel: capacidade de mudar de opinião, geralmente mal interpretada por pessoas que não entendem que o grande amor de ontem pode ser o ódio de amanhã.

X

Xabu: Discussão da Relação em público.

Xumbrega: homem que não vale a investida.

Z

Zuzuto: homem que não percebe nossas qualidades.